SEGUNDA EDICIÓN

APRENDE JAVASCRIPT MODERNO

FRANCISCO DÍAZ

SEGUNDA EDICIÓN

APRENDE JAVASCRIPT MODERNO

FRANCISCO DÍAZ

Francisco Diaz
San Pedro de la Paz,
Chile.
www.fdiaz.dev

A Dante, mi hijo amado quién me enseñó la fortaleza y comprender el real impacto de la enseñanza sencilla y amable.

PRÓLOGO

Por Patricia Albornoz Gómez

JavaScript es un lenguaje de programación versátil y ampliamente utilizado que ha desempeñado un papel fundamental en la evolución del desarrollo web.

Inicialmente creado para mejorar la interactividad en las páginas web, JavaScript ha crecido hasta convertirse en un lenguaje esencial para el desarrollo de aplicaciones tanto en el lado del cliente como en el servidor.

Además, es un lenguaje versátil que admite múltiples paradigmas de programación, como programación orientada a objetos, programación funcional y programación imperativa.

Esto proporciona a los desarrolladores la flexibilidad necesaria para abordar diversos problemas. Por otro lado, JavaScript cuenta con una amplia variedad de bibliotecas y marcos que facilitan el desarrollo de aplicaciones. Algunos ejemplos incluyen React, Angular y Vue.js para el desarrollo de interfaces de usuario y Node.js para ejecutar JavaScript en el lado del servidor.

Posee una sintaxis similar a otros lenguajes de programación como Java y C++, haciéndolo accesible para los principiantes. Su capacidad para ejecutarse en el navegador permite a los desarrolladores experimentar y ver resultados rápidos.

El profesor Juan Francisco con vasta experiencia en al ámbito del desarrollo de software ha estructurado el libro "Aprende JavaScript Moderno" de forma estratégica, generando una ruta de aprendizaje enriquecida con ejemplos y ejercicios que te permitirán ir aprendiendo de forma amigable, gradual y progresiva este imponente lenguaje de programación.

A continuación, presentamos un breve resumen contenido del libro, partiendo la ruta de aprendizaje con una visión histórica de la programación desde el siglo diecinueve hasta la actualidad, destacando la evolución y la importancia de JavaScript en el desarrollo de aplicaciones modernas. Este primer capítulo establece la base para comprender el contexto y la relevancia del lenguaje.

En el segundo capítulo se explora JavaScript como una herramienta versátil que funciona en cualquier navegador web, eliminando la necesidad de instalaciones complicadas, se introduce la consola de desarrollador como una forma práctica de empezar a escribir código, ejecutando ejemplos simples como "¡Hola, mundo!".

El Capítulo 3 se sumerge en los conceptos fundamentales de programación, abordando qué es un programa, cómo funcionan las variables y la diversidad de tipos de datos disponibles en JavaScript.

En el cuarto capítulo el autor habla sobre Operadores y Expresiones, se profundiza en la esencia del código, explorando operadores aritméticos, de comparación y lógicos. Se desentraña cómo estas herramientas fundamentales dan vida a la lógica de los programas, introduciendo expresiones como combinaciones de valores y operadores.

El Capítulo 5 se centra en las estructuras de control que permiten dinamizar las acciones que se pueden programar, abordando las estructuras condicionales, iterativas y la lógica de flujo.

En el Capítulo 6 se habla sobre Funciones y Procedimientos, en donde se abordan las funciones en JavaScript, destacando su capacidad para encapsular bloques de código que pueden ser llamados desde cualquier parte del programa. Se presentan ejemplos de funciones declaradas, expresadas y funciones flecha.

El el Capítulo siguiente, podrás entender sobre las Estructuras de Datos en donde se exploran los fundamentos y ventajas de utilizar estructuras de datos para almacenar datos de manera masiva, detallando la sintaxis y la forma en que JavaScript trabaja con estas estructuras.

El Capítulo 8 aprenderás sobre Programación Orientada a Objetos (POO, aquí se introduce el paradigma de POO, destacando conceptos clave como objetos, clases y métodos, además, se profundizan las propiedades fundamentales como el encapsulamiento, herencia, polimorfismo y abstracción.

En el siguiente capítulo podrás comprender sobre el Manejo de Excepciones y Errores, en dónde se aborda la importancia de gestionar situaciones inesperadas durante la ejecución de un programa en JavaScript. Se definen excepciones y errores, y se explora el manejo a través de bloques try-catch y el objeto Error para lanzar errores personalizados.

En el capítulo 10 se habla sobre los conceptos de Entrada y Salida de Datos en JavaScript, se abordan métodos comunes como console.log() para la salida y funciones como prompt() para la entrada de datos del usuario.

En el capítulo 11 se destaca la importancia de utilizar herramientas para mejorar la eficiencia y facilitar el desarrollo en JavaScript, incluyendo editores de código como Visual Studio Code y Sublime Text, frameworks y bibliotecas como React y Angular, y recursos de aprendizaje como MDN Web Docs y FreeCodeCamp.

Finalmente, en los capítulos siguientes, el profesor Juan Francisco invita al lector a una panorámica sobre los desafíos de la industria del desarrollo de software, desde la amplia gama de conocimientos necesarios para ingresar al campo hasta la necesidad de adaptarse a la constante innovación tecnológica.

También destaca la importancia de la visión empresarial, la búsqueda de sueldos competitivos, la incertidumbre asociada con la Inteligencia Artificial y la transformación de la industria por nuevos segmentos de mercado como la blockchain, resaltando el potencial prometedor para aquellos que elijan la programación como profesión.

Bien, ahora nos relajamos cambiamos la redacción y cerramos este prólogo con una invitación a la acción. Los ejercicios propuestos te ofrecen la oportunidad de aplicar lo aprendido, desafiándote a pensar como un programador.

Estos ejercicios no solo son problemas para resolver, sino oportunidades para expandir tu pensamiento lógico y creativo. ¡Buena suerte en tu emocionante viaje hacia el dominio de JavaScript!

CAPÍTULO 1

¿POR QUÉ TRABAJAR CON JAVASCRIPT?

"JavaScript es un lenguaje de programación de alto nivel que se utiliza principalmente para crear aplicaciones"

La programación tiene una larga historia que se remonta al siglo diecinueve cuando Ada Lovelace una matemática, escribe el primer algoritmo destinado a ser procesado por una máquina.

Sin embargo, no fue hasta el año 1940 que se construyeron las primeros computadores electrónicos de propósito general. Estas máquinas utilizaban lenguajes de programación primitivos como el lenguaje de máquina y el lenguaje ensamblador.

Estos lenguajes no eran como los actuales modernos, que usan sintaxis muy parecidas al lenguaje común que utilizamos para poder interactuar con otras personas, sino que eran lenguajes complejos y que a día de hoy costaría mucho aprenderlos para programar.

Luego, una década después, se desarrollaron nuevos lenguajes de programación, como Fortran y Cobol, dos grandes lenguajes que permitieron que la programación fuera más accesible para aquellas personas que no eran especialistas, más adelante, en la década del 60 se desarrolló el lenguaje de programación Basic el que se utilizó en las primeras computadoras personales.

Entre el 1970 y 1980, se desarrollaron lenguajes de programación más avanzados, como C y Pascal. Estos lenguajes permitieron a los programadores crear programas más complejos y eficientes. También se desarrollaron los sistemas operativos y las bases de datos, lo que permitió a los programadores crear aplicaciones más robustas y poderosas.

En los 90, se popularizó el lenguaje de programación Java, que permitió a los programadores crear aplicaciones que se ejecutaban en cualquier plataforma. También se desarrolló el lenguaje de programación PHP, que se utiliza para crear aplicaciones web dinámicas, en mi caso, fue el primer lenguaje que logré aprender correctamente luego de adquirir nociones de C por ahí por el año 2010.

En la actualidad, los lenguajes de programación han evolucionado profundamente, siendo mucho más sencillos y similares a aprender un idioma como lo es el inglés, un ejemplo de estos son Python y JavaScript, lenguajes que son muy populares y se utilizan en una amplia variedad de aplicaciones, desde la creación de videojuegos hasta la automatización de procesos empresariales.

Por tanto, quisiera invitarte a entender la programación como una habilidad vital en muchas áreas, y que seguirá siendo una herramienta importante para los desarrolladores y programadores en el futuro.

A lo largo de este libro, revisarás la teoría práctica y analizarás enunciados y técnicas de programación, usando el lenguaje de programación JavaScript.

JavaScript es un lenguaje de programación de alto nivel que se utiliza principalmente para crear aplicaciones web interactivas. Este fue creado en el año 1995 por Brendan Eich mientras trabajaba en Netscape Communications Corporation.

La primera versión de JavaScript se llamó Mocha, pero luego se cambió a LiveScript y finalmente a JavaScript.

A lo largo de los años, JavaScript ha evolucionado y ha tenido varias versiones importantes.

La versión 1.0 se lanzó en 1996, y la versión 1.2 se lanzó en 1998. La versión 1.5 se lanzó en 1999 y presentó nuevas características dentro de las que se destacaron las funciones anónimas y las llamadas a función recursivas. En 2009, se lanzó la versión 1.6, que incluía nuevas características como generadores y expresiones regulares.

En 2009, se lanzó una versión importante de JavaScript que se conocería hasta la actualidad como ECMAScript, en este año en tanto, nacía la versión 5 (ES5). Esta versión introdujo nuevas características al lenguaje, que permitieron a los desarrolladores trabajar con objetos JSON de forma más fácil y eficiente. También introdujo nuevas características en el manejo de cadenas y arreglos.

En 2015, se lanzó otra versión importante de JavaScript conocida como ECMAScript 6 (ES6) o ECMAScript 2015. Esta versión introdujo muchas nuevas características, como clases, let y const para las variables y funciones flecha.

También mejoró la sintaxis de los objetos y las matrices, y agregó soporte para módulos.

Desde entonces, se han lanzado nuevas versiones de ECMAScript cada año, lo que ha permitido a los programadores que trabajan con este lenguaje utilizar las últimas características y mejoras.

En cuanto a las orientaciones metodológicas, JavaScript se ha utilizado en diferentes paradigmas de programación, como la programación orientada a objetos, la programación funcional y la programación reactiva.

Esto ha permitido que los desarrolladores de este lenguaje creen una variedad de aplicaciones y sistemas utilizando diferentes enfoques y técnicas.

Finalizando, se puede afirmar que JavaScript es un lenguaje de programación de propósito general y que este se utiliza principalmente para agregar interactividad a las

páginas web.

Es uno de los lenguajes de programación más populares del mundo, y se utiliza en todo, desde sitios web simples hasta aplicaciones web complejas.

Hay muchos beneficios de usar JavaScript, incluyendo que es fácil de aprender, pues JavaScript tiene una sintaxis relativamente simple que lo hace fácil de aprender para los principiantes.

Además, es un lenguaje poderoso, esto toma sentido pues, con el puedes hacer mucho más que simplemente agregar interactividad a las páginas web, puesto que puedes utilizarlo para crear gráficos, animaciones, juegos y aplicaciones que incrementan su nivel de complejidad en la medida que así el desarrollo lo requiera.

JavaScript así también, es portable, es decir, se puede ejecutar en cualquier navegador web, lo que lo convierte en una opción ideal para crear sitios web que sean compatibles con una amplia gama de dispositivos.

Este lenguaje además de sus beneficios, cuenta con una gran comunidad, esto quiere decir que existe una gran comunidad de desarrolladores de JavaScript que están siempre dispuestos a ayudar a los demás.

Si estás interesado en aprender a programar, JavaScript es una gran opción para empezar, pues una vez aprendido este lenguaje, podrás encontrar un desafío abordable el aprender otros lenguajes populares como Kotlin o Python.

CAPÍTULO 2

¿CUÁL ES EL ESPACIO DE DESARROLLO CON JAVASCRIPT?

"JavaScript corre en cualquier ambiente de desarrollo, el beneficio es que no necesitas instalar nada para funcionar"

JavaScript es un lenguaje que no necesita programas nuevos en tu ordenador, basta con que tengas un navegador y podrás comenzar a trabajar con la fuerza de este lenguaje de programación.

Para usar JavaScript en el navegador y ver sus resultados al instante, puedes seguir estos pasos:

1. Abrir un navegador web, en este caso puedes usar tu navegador web preferido. Puedes usar Chrome, Firefox, Safari o cualquier otro navegador moderno que admita JavaScript.

2. Abrir la consola de desarrollador, si estás en Chrome deberás hacer clic derecho en cualquier parte de la página web, selecciona "Inspeccionar" o presionar "Ctrl+Shift+I" (o "Cmd+Option+I" si estás usando Mac) para abrir las herramientas de desarrollo, luego debes hacer clic en la pestaña "Consola".

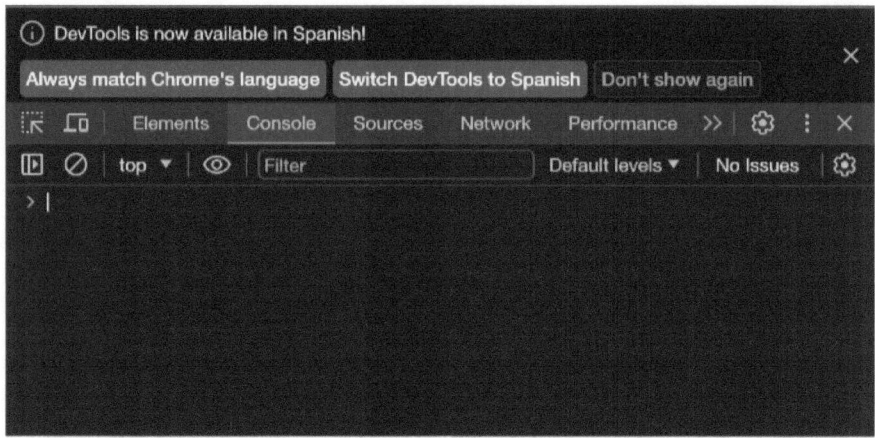

Si estás usando Firefox, en tanto, deberás hacer clic derecho en cualquier parte de la página web, selecciona "Inspeccionar elemento" o presiona "Ctrl+Shift+I" (o "Cmd+Option+I" si estás usando Mac) para abrir las herramientas de desarrollo. Luego, ve a la pestaña "Consola".

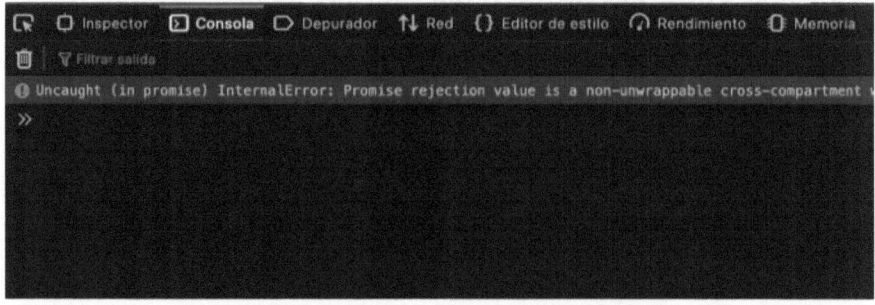

En el caso de que seas usuario de Mac, en Safari deberás habilitar las herramientas de desarrollo, para ello, ve a "Safari" > "Preferencias" > "Avanzado" y marca la casilla "Mostrar menú Desarrollo en la barra de menús". Una vez realizado esto, podrás acceder a la consola desde "Desarrollo" en la barra de menús.

3. Una vez realizados estos pasos, vamos a comprobar que podemos usar JavaScript, para ello, en la consola de desarrollador puedes escribir directamente código JavaScript.

Por ejemplo, puedes escribir

```
console.log("¡Hola, mundo!");
```

Luego presionar el botón Enter para ver el resultado en la consola, puedes probar cualquier texto similar al Hola Mundo con JavaScript en la consola para ver sus resultados al instante.

¿Quién lo diría? Haz escrito tu primer programa usando JavaScript. Sigamos.

CAPÍTULO 3

TIPO DE DATOS Y VARIABLES

"Los datos que se pueden almacenar en una variable pueden ser de diferentes tipos"

La programación es el proceso de escribir y diseñar instrucciones que una computadora seguirá para realizar una tarea específica.

En este capítulo, se introducirán conceptos básicos de programación y se explicará cómo funcionan los programas.

Pero *¿Qué es un Programa?*

Un programa es una secuencia de instrucciones que se ejecutan en una computadora. Estas instrucciones se escriben en un lenguaje de programación, que es un conjunto de reglas y símbolos que se utilizan para comunicarse con la computadora.

Otro concepto clave en la programación es la variable. Una variable es un objeto que puede almacenar un valor, como un número o una cadena de caracteres.

Las variables se utilizan para almacenar datos que se utilizarán en un programa. Por ejemplo, se puede crear una variable llamada "nombre" que almacene el nombre de una persona.

Entonces *¿Qué es una variable?*

Una variable es un objeto que puede almacenar un valor. En programación, las variables se utilizan para almacenar datos que se utilizarán en un programa.

Los datos que se pueden almacenar en una variable pueden ser de diferentes tipos, como números, caracteres, valores booleanos, entre otros.

En JavaScript, los tipos de datos se dividen en dos categorías: *primitivos y objetos.*

Los tipos de datos primitivos son aquellos que no son objetos y son inmutables, lo que significa que, una vez creados, no se pueden modificar.

Los tipos de datos primitivos incluyen:

- Números: *enteros y decimales.*

- Booleanos: *verdadero o falso.*

- Cadenas: *texto.*

- Nulo: *un valor especial que representa la ausencia de un objeto.*

- Indefinido: *un valor especial que representa la falta de valor asignado a una variable.*

Como habíamos definido, las variables en JavaScript son contenedores que almacenan datos. Las variables se crean utilizando la palabra clave "var", "let" o "const".

La palabra clave "var" se utilizó en versiones anteriores de JavaScript para crear variables, pero ahora se recomienda utilizar "let" y "const".

La palabra clave "let" se utiliza para crear variables que pueden ser reasignadas, mientras que "const" se utiliza para crear variables que no se pueden reasignar.

Ejemplo:

```
var ciudad = "Concepción"
let edad = 25
let nombre = "Emiliano"
const pi = 3.1416
```

Resumiendo, como podemos ver, en JavaScript, los tipos de datos y variables son herramientas fundamentales para el desarrollo de aplicaciones web y la creación de soluciones informáticas.

En aplicaciones cotidianas, las variables se utilizan para almacenar información que puede cambiar o ser necesaria en diferentes partes del programa.

Por ejemplo, en una aplicación de tienda en línea, podemos utilizar variables para almacenar el precio de un producto, la cantidad de productos que un cliente ha agregado a su carrito, entre otros.

De esta forma, podemos utilizar estas variables para realizar operaciones matemáticas o para mostrar información al usuario en la interfaz de la aplicación.

CAPÍTULO 4

OPERADORES Y EXPRESIONES

"Los operadores y expresiones son elementos esenciales del lenguaje de programación que permiten realizar cálculos y tomar decisiones"

JavaScript es un lenguaje de programación que se utiliza ampliamente para desarrollar aplicaciones web. Los operadores y expresiones son elementos esenciales del lenguaje de programación que permiten realizar cálculos y tomar decisiones lógicas en el código.

Operadores Aritméticos

Los operadores aritméticos en JavaScript se utilizan para realizar cálculos matemáticos básicos, estas son operaciones que hemos realizado toda la vida, pero esta vez, tienen unos símbolos estandarizados que los entienden los computadores.

Algunos de los operadores aritméticos comunes se muestran a continuación:

- Suma (+)   - Resta (-)
- Multiplicación (*)   - División (/)
- Módulo (%)

Por ejemplo, si queremos sumar dos números en JavaScript, podemos usar el operador de suma (+), como se muestra a continuación:

Ejemplo:

```
let numero1 = 5
let numero2 = 10
let sumaDosNumeros = numero1 + numero2
console.log(sumaDosNumeros)
```

Este programa lo que hará, será almacenar dos números en dos variables distintas, las cuales en una tercera variable, que desarrolla la operación de suma, guardará el resultado de esta operación. Recuerda que con console.log mostraremos el resultado en la consola. ¡ Inténtalo tu ahora !

Operadores de Comparación

Los operadores de comparación se utilizan para comparar dos valores y devolver un valor booleano (true o false) que indica si la comparación es verdadera o falsa. Algunos de los operadores de comparación comunes se muestran a continuación:

- Igualdad (==)   - Desigualdad (!=)
- Menor o igual que (<=)   - Menor que (<)
- Mayor o igual que (>=)   - Mayor que (>)

Por ejemplo, si queremos comparar dos números en JavaScript, podemos usar el operador de igualdad (==), como se muestra a continuación:

Ejemplo:

```
let numero1 = 5
let numero2 = 10
console.log(numero1 == numero2)
```

En este caso, el valor que retornaría por consola, serbia false, pues los números 5 y 10 no son iguales.

Operadores Lógicos

Los operadores lógicos se utilizan para realizar operaciones lógicas en los valores booleanos (true o false). Algunos de los operadores lógicos comunes se muestran a continuación:

Y (&&)

O (||)

No (!)

En este caso, si queremos verificar si dos condiciones son verdaderas en JavaScript, podemos usar el operador lógico Y (&&), como se muestra a continuación:

Ejemplo:

```
let numero1 = 5
let numero2 = 10
if (numero1 > 0 && numero2 > 0){
    console.log("ambos números son mayores a cero")
{
```

```
else{
    console.log("Al menos uno de los números es menor o
    igual a cero")
}
```

Entonces, podemos inferir, que comparamos en este programa, dos valores en función del número cero y respecto a si son mayores o menores que este.

Si ambas sentencias son verídicas, entonces tendríamos nuestro programa se iría por el camino que define if, y en caso opuesto, lo que indica else, descuida, esto lo veremos más adelante con calma, hasta ahora créeme, vas muy bien, sigue así y tendrás éxito.

Expresiones

Las expresiones en JavaScript son combinaciones de valores, variables y operadores que pueden evaluarse para producir un valor. Por ejemplo, la siguiente expresión evalúa a 15.

Ejemplo:

```
let resultado = 5+10
```

En este caso, se podrá evaluar en una sola línea de código, el valor que se busca lograr.

Las expresiones también pueden incluir llamadas a funciones, como se muestra a continuación.

Ejemplo:

let resultado = Math.sqrt(64)

En este caso, la línea de código busca en particular, la raíz cuadrada de 64.

A continuación, tendrás la oportunidad de comenzar a pensar como programado, para esto, el primer desafío que deberás abordar, es una serie de ejercicios que te van a permitir desarrollar la habilidad de pensamiento lógico.

Ejercicio 1: Escribe un programa que solicite al usuario dos números y muestre por consola la suma, resta, multiplicación y división de ambos números.

Ejercicio 2: Escribe un programa que solicite al usuario la longitud y el ancho de un rectángulo y calcule su área y perímetro. Muestra los resultados por consola.

Ejercicio 3: Escribe un programa que solicite al usuario el radio de un círculo y calcule su área y circunferencia. Muestra los resultados por consola.

Ejercicio 4: Escribe un programa que solicite al usuario la edad de dos personas y determine si la primera persona es mayor o menor que la segunda. Muestra el resultado por consola.

Ejercicio 5: Escribe un programa que solicite al usuario su nombre y su edad, y muestre un mensaje personalizado que lo salude y le indique su edad.

Ejercicio 6: Escribe un programa que solicite al usuario el precio de un producto y el número de unidades que desea comprar, y calcule el total a pagar incluyendo el impuesto del 16%. Muestra el resultado por consola.

Ejercicio 7: Escribe un programa que solicite al usuario dos números y determine si ambos son iguales o diferentes. Muestra el resultado por consola.

Ejercicio 8: Escribe un programa que solicite al usuario su peso y su altura, y calcule su índice de masa corporal (IMC). Muestra el resultado por consola.

Ejercicio 9: Escribe un programa que solicite al usuario un número y determine si es par o impar. Muestra el resultado por consola.

Ejercicio 10: Escribe un programa que solicite al usuario dos números y determine cuál es el mayor y cuál es el menor. Muestra el resultado por consola.

¡Buena suerte resolviendo estos ejercicios!

CAPÍTULO 5

ESTRUCTURAS DE CONTROL DE FLUJO

"Puedes elegir entre agua caliente o fría, algo muy similar para con el código, pero acá nos encontramos con más llaves y usos de los que puedes imaginar."

En programación, las estructuras de control de flujo son unas herramientas que nos permiten dirigir o llevar las acciones dentro del flujo de ejecución de nuestro código.

En JavaScript, existen tres tipos principales de estructuras de control de flujo: **if, switch y bucles**.

Para esto es que se te invita a pensar, como ejemplo habitual, en una llave de paso de agua, en dónde puedes elegir entre agua caliente o fría, algo muy similar para con el código, pero acá nos encontramos con más llaves y usos de los que puedes imaginar.

Por tanto, esta es la primera interacción que tendrás con estas formas de controlar el código, para ello, se intentará introducir a estos conceptos de forma amena y de la forma más sencilla posible.

La estructura if

La estructura if nos permite ejecutar una sección de código si se cumple una determinada condición. La sintaxis básica es la siguiente.

Ejemplo:

```
if(condición){
    // código a ejecutar si la condición es verdadera
}
```

También podemos añadir una cláusula else para ejecutar un código diferente si la condición es falsa.

Ejemplo:

```
if(condición){
    // código a ejecutar si la condición es verdadera
} else {
    // código a ejecutar si la condición es falsa
}
```

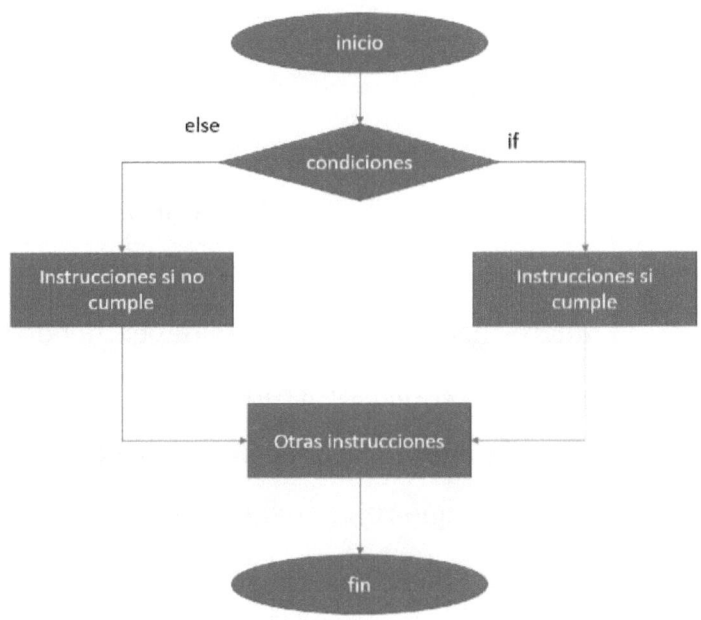

Diagrama de la estructura if-else

La estructura if-else se usa en programación para tomar decisiones. Es como si fuera un juego de si pasa esto, entonces haz esto.

Por ejemplo, imagina que estás jugando a lanzar un dado y si sacas un número par en este, ganas un dulce.

Si sacas un número impar, por tanto, no ganas nada. Entonces, si sacas un número par, puedes decir ¡Gané un dulce! y si sacas un número impar, puedes decir ¡No gané nada!.

Eso es cómo funciona la estructura if-else. Si algo sucede, puede hacer algo en respuesta.

La estructura switch

La estructura switch nos permite ejecutar diferentes secciones de código dependiendo del valor de una variable.

Imagina que estás jugando con bloques de diferentes colores. Si quieres hacer algo diferente dependiendo del color del bloque, puedes usar la estructura switch.

Por ejemplo, si tienes un bloque verde, puedes decir *hacer esto* y si tienes un bloque rojo, puedes decir *hacer algo diferente*.

La sintaxis básica es la siguiente:

```
switch (variable){
    case valor1:
        // código a ejecutar si la variable es igual a valor1
        break;
    case valor2:
        //código a ejecutar si la variable es igual a valor2
        break;
    default:
        // código a ejecutar si la variable es distinta
        break;
}
```

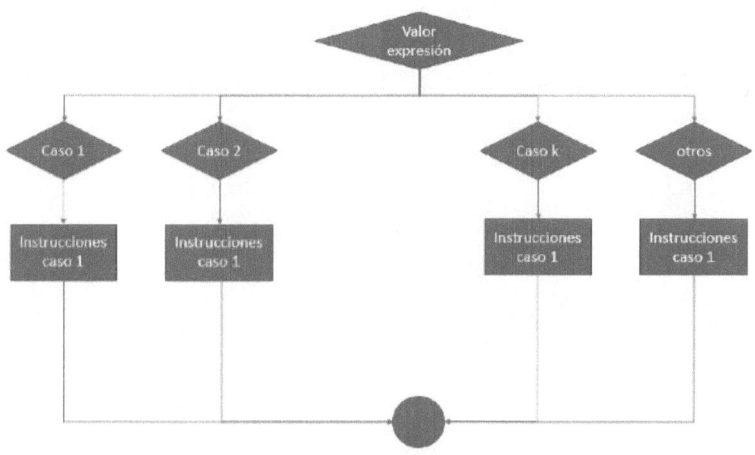

Diagrama de la estructura switch

Los bucles

Un bucle es como una canción que se repite una y otra vez. Imagina que eres un niño pequeño y estás cantando *La Vaca Lola* una y otra vez.

En programación, es una forma de hacer que una parte del código se repita varias veces.

Es como si estuvieras cantando la misma canción una y otra vez hasta que llegues al final del juego.

Los bucles nos permiten repetir una sección de código varias veces. En JavaScript, existen dos tipos principales de bucles: **while y for.**

While

La estructura while se ejecuta siempre que se cumpla una determinada condición.

while(condición){

    //código a ejecutar mientras se cumpla la condición

}

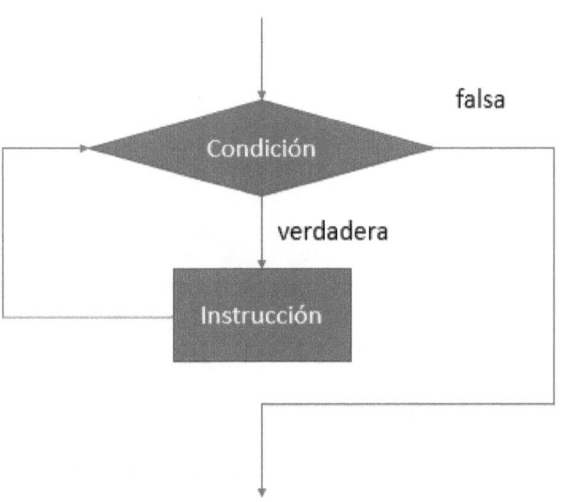

Diagrama del bucle While

La estructura while se usa en programación para hacer que una parte del código se repita varias veces.

Es como si estuvieras cantando una canción una y otra vez. Imagina que estás cantando "La Vaca Lola" una y otra vez hasta que llegues al final del juego.

La estructura while es lo mismo, pero en lugar de cantar, le das instrucciones a la computadora.

Le dices *haz esto* y luego le dices *hazlo de nuevo hasta que llegues a un cierto punto.*

Es muy útil cuando necesitas hacer algo muchas veces en tu código.

For

La estructura for se utiliza para recorrer una secuencia de valores.

```
for(inicialización; condición; actualización){
    //código a ejecutar mientras se cumpla la condición
}
```

En la inicialización del ciclo for, podemos definir una variable que se utilizará en el bucle.

En la condición, definimos una condición que debe ser verdadera para que el bucle siga ejecutándose.

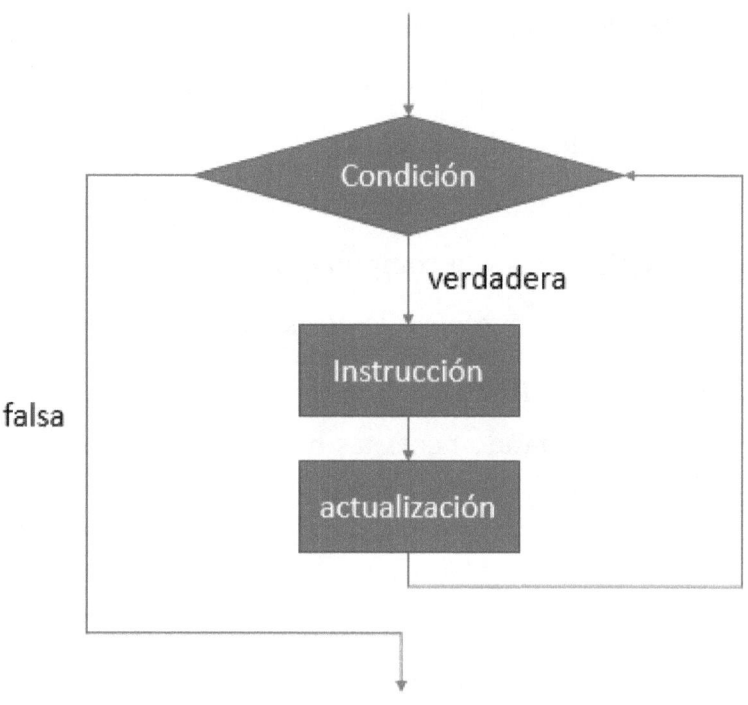

Diagrama del bucle for

En la actualización, podemos modificar la variable definida en la inicialización.

Para resolver y entender estos conceptos que quizá en este momento te generan confusión, podremos ver unos ejercicios aplicados resueltos, de esta forma, podrás visualizar claramente como funciona la implementación de este ciclo para que lo puedan aplicar luego en tu día a día.

Imagínate que tienes una caja llena de juguetes y quieres contar cuántos hay. Pero en lugar de contar uno por uno, puedes usar este ciclo for.

Primero, dices *para cada juguete en la caja, haz lo siguiente.* Luego, puedes hacer algo con cada juguete, como decir su nombre en voz alta o ponerlo en una pila separada.

Cuando hayas terminado con un juguete, el ciclo for pasa automáticamente al siguiente juguete en la caja y hace lo mismo.

Ejercicios a desarrollar

Ejercicio 1: Crea una estructura de control if que verifique si un número es mayor que 5. Si es así, muestra en la consola el mensaje "El número es mayor que 5". De lo contrario, muestra el mensaje "El número es menor o igual a 5".

```
let numero = 7
if(numero > 5){
    console.log("el número es mayor que 5")
}
else{
    console.log("el número es menor o igual a 5")
}
```

Ejercicio 2: Crea una estructura de control "switch" que verifique si el día actual es lunes, miércoles o viernes. Si es así, muestra en la consola el mensaje "Hoy es día de trabajo". De lo contrario, muestra el mensaje "Hoy es día de descanso".

```
let dia = "lunes"
switch(dia){
    case "lunes":
    case "miércoles":
    case "viernes":
        console.log("hoy es día de trabajo");
        break;
    default:
        console.log("hoy ese día de descanso")
}
```

Ejercicio 3: Crea una estructura de control "for" que imprima en la consola los números del 1 al 5.

```
for (let I=1; I<=5; I++){
    console.log(i)
}
```

Luego de observar como se desarrollan las estructuras de control de flujo, puedes apreciar que funcionan como herramientas fundamentales en la programación.

Con ellas, como podrás recordar, vimos al inicio de este capítulo, podemos dirigir el flujo de ejecución de nuestro código y hacer que nuestras aplicaciones sean más potentes y versátiles.

En el próximo capítulo, veremos cómo utilizar funciones en JavaScript para organizar nuestro código de forma más eficiente.

CAPÍTULO 6

FUNCIONES Y PROCEDIMIENTOS

"Nos permiten encapsular una serie de instrucciones en un bloque de código que podemos llamar desde cualquier parte de nuestro programa"

Ya estamos avanzando a buen ritmo por las páginas de esta guía que te hará despegar como desarrollador, para ello, deberemos entender el concepto entorno a funciones y procedimientos.

En primer lugar, entenderemos que las funciones y procedimientos son bloques de código que podemos llamar desde cualquier parte de nuestro programa.

Estas nos van a permitir reutilizar fragmentos de nuestro código, de esta forma, podemos siempre generar una buena práctica en la programación, la cual es poder hacer nuestro código más modular y fácil de entender y mantener.

Es fundamental que luego de que entiendas los conceptos de base en este lenguaje, te familiarices con las buenas prácticas para el desarrollo, pero ahora, nos vemos a conocer funciones y procedimientos.

¿Qué entendemos por Funciones?

Las funciones en JavaScript nos permiten encapsular una serie de instrucciones en un bloque de código que podemos llamar desde cualquier parte de nuestro programa. Las funciones pueden recibir parámetros y devolver valores.

Sé que es difícil de comprender, pero quiero que hagas algo sencillo, imagina que estás haciendo galletas.

Una función en JavaScript es como una receta para hacer algo especial. Por ejemplo, podríamos tener una receta llamada *hacerGalletas* que tiene todos los pasos para hacer galletas deliciosas.

Entonces, cuando quieras hacer galletas, solo necesitas seguir la receta llamando a la función *hacerGalletas*.

Eso sería como escribir en tu lista de cosas por hacer, en este caso, hacer galletas siguiendo la receta de *hacerGalletas*.

¿Como podemos entender los procedimientos?

Ahora, los procedimientos son como pasos específicos en esa receta. Supongamos que dentro de la receta *hacerGalletas*, hay pasos llamados *mezclarIngredientes* y *hornearGalletas*. Cada uno de estos pasos es un procedimiento.

Así que, cuando sigues la receta, haces cada procedimiento en el orden correcto para obtener galletas deliciosas. A continuación, podemos ver como se define una función en JavaScript:

Ejemplo:

```
function suma (a,b){
    return a + b
}
```

En este ejemplo, hemos definido una función llamada "suma" que toma dos parámetros a y b y devuelve la suma de ambos.

Podemos llamar a esta función desde cualquier parte de nuestro programa de la siguiente manera:

Ejemplo:

```
var resultado = suma(2,8)
console.log(resultado) // la salida será 10
```

En este ejemplo, hemos llamado a la función *suma* con los parámetros "*2*" *y* "*8*" y hemos almacenado el resultado en la variable *resultado*. Luego, hemos impreso el resultado en la consola.

Ahora puedes practicar funciones con dos ejercicios que resultan ser muy útiles a la hora de adentrarnos en esta temática.

Ejercicio 1: Crea una función para calcular el área de un círculo.

Ejercicio 2: Crea una función que permita convertir de Celsius a Fahrenheit.

Funciones declaradas

Las funciones declaradas se definen utilizando la palabra clave *function* seguida del nombre de la función y sus parámetros entre paréntesis.

Estas funciones pueden ser llamadas en cualquier momento dentro del código.

Una función declarada es como decirle a la computadora que quieres que haga algo especial que tú inventaste.

Primero, le tienes que dar un nombre, como *sumar*. Luego, le dices qué cosas necesitas sumar, en este ejemplo serán los números 2 y 3. El algoritmo en simple, hace la suma y te da el resultado.

```
function sumar(a,b){
    return a+b
}


console.log(sumar(2,3)) // la salida será 5
```

Ahora aplicarás lo aprendido en los párrafos anteriores, piensa y analiza los elementos que se piden en intenta de dar una solución a los siguientes ejercicios.

Ejercicio 3: Crea una función declarada que permita restar dos números

Ejercicio 4: Crea una función declarada que permita calcular el área de un triángulo

Ejercicio 5: Crea una función declarada que permita verificar si un número es par

Funciones expresadas

Las funciones expresadas se definen como una expresión que se asigna a una variable. Estas funciones no se pueden llamar antes de que se definan.

```
const restar = function(a,b){
    return a-b
}
console.log(restar(5,3)) // la salida será 2
```

Las funciones expresadas son como si le dijeras a tu computadora que quieres que haga algo especial en un pedacito de papel.

Primero, le tienes que dar un nombre, como *restar*. Luego, le dices a la computadora qué cosas necesitas restar, en este caso, los números 5 y 3.

El algoritmo realizará la resta y te entregará el resultado por consola.

Pero aquí está la cosa interesante, pues en lugar de tener que darle un nombre a la función, puedes decirle a la computadora que guarde la función en un pedacito de papel llamado *restar*. Así, cuando quieras usar la función más tarde, sólo necesitas decirle a la computadora que busque en el pedacito de papel llamado *restar* y la función aparecerá.

Como puedes apreciar, ya podemos manejar las funciones de forma más avanzada, esta es una muy buena práctica a la hora de programar, te recomendamos que nos busques las respuestas en internet si no sabes como resolver alguno de los ejercicios planteados.

Como recomendación te quiero pedir que si algo no lo entiendes, busques información adicional relacionado al ejercicio en cuestión, por ejemplo ¿Qué es un palíndromo? O bien ¿cual es la formula para calcular el IMC? Y de esta forma visualizas como puedes construir tus algoritmos.

Ejercicio 6: Crea una función declarada que permita Dividir dos números.

Ejercicio 7: Crea una función declarada que permita Obtener el máximo de dos números

Ejercicio 8: Crea una función declarada que permita verificar si una cadena es palíndroma

Ejercicio 9: Crea una función declarada que permita verificar si un número es par

Funciones flecha

Las funciones flecha son una forma abreviada de escribir funciones expresadas. Las funciones flecha son como una forma abreviada de escribir funciones que puedes utilizar en JavaScript.

Ejemplo:

```
const multiplicar = (a,b) =>{
    return a*b
}


console.log(multiplicar(2,4)) //la salida será 8
```

En lugar de escribir *function* para definir una función, puedes usar una flecha => como si fuera una flecha que apunta hacia la derecha.

Las funciones flecha en JavaScript son conocidas por ser más concisas y expresivas que las funciones tradicionales. Sin embargo, aquí hay algunos consejos para hacer que una función flecha sea más eficiente y limpia, para ello te presentamos las siguientes recomendaciones:

Uso de una sola expresión

Las funciones flecha son ideales cuando tienen una sola expresión en el cuerpo. Si la función tiene más de una expresión, necesitará usar llaves {} y agregar la palabra clave return. Si la función es simple, intenta mantenerla en una sola línea.

Ejemplo:

```
const duplicar = (numero) => numero * 2;
```

Evitar el uso innecesario de paréntesis

En funciones flecha con un solo parámetro, puedes omitir los paréntesis alrededor del parámetro.

Ejemplo:

Uso de paréntesis innecesarios
```
const cuadrado = (x) => x * x;
```

Aplicando una forma más concisa
```
const cuadrado = x => x * x;
```

Cuando el cuerpo de la función es más largo

Aunque las funciones flecha son ideales para funciones simples, si el cuerpo de la función es más largo, a veces es más legible dividirlo en varias líneas y utilizar llaves {}.

Ejemplo:

```
// Función flecha simple
const sumar = (a, b) => a + b

// Aplicando recomposición más extensa y legible
const sumar = (a, b) => {
    const resultado = a + b
    return resultado
}
```

Como puedes ver, esto hace que sea más fácil escribir funciones y se ve más limpio.

Recuerda que no hay una sola receta para escribir código, aún así, puedes diseñar tus algoritmos de forma que tu los puedas entender.

El reto es que luego que los escribas sientas que los puedes explicar de forma simple a otra persona, de esta forma, estarás reforzando lo aprendido.

Ejercicio 10: Crea una función declarada que permita elevar número al cuadrado

Ejercicio 11: Crea una función declarada que permita verificar si un número es primo

Ejercicio 12: Crea una función declarada que permita calcular el factorial de un número.

Funciones anónimas

Las funciones anónimas no tienen un nombre definido y se utilizan principalmente como argumentos para otras funciones, estas no tienen un nombre definido y se utilizan principalmente como argumentos para otras funciones.

Normalmente, cuando creamos una función, le damos un nombre como *miFuncion*. Pero a veces, solo queremos hacer algo rápido sin preocuparnos por darle un nombre.

Podemos usar una función anónima como argumento para el método *map* de un array.

Ejemplo:

```
const numeros = [1,2,3,4,5]
const numerosDobles = numeros.map(function(numero){
    return numero*2
})
```

```
console.log(numerosDobles) //salida será 2,4,6,8,10
```

En este ejemplo, hemos definido una función anónima que toma un parámetro *numero* y devuelve el doble del número.

Luego, hemos utilizado esta función como argumento para el método *map* de un array de números.

El método *map* ejecuta la función para cada elemento del array y devuelve un nuevo array con los resultados.

Recuerda que las funciones anónimas son muy útiles para pasar como argumentos a otras funciones, como el método *map, filter, reduce*, etc.

Las funciones son bloques de código que sirven para hacer cosas especiales en un programa. Por ejemplo, podemos crear una función que sume dos números o que multiplique dos palabras como ya hemos desarrollado.

Las funciones anónimas son funciones que no tienen un nombre y son muy útiles cuando queremos hacer algo especial con un grupo de cosas, como si quisieras hacer una fila de carros más rápida. Veamos a continuación otro caso.

Ejemplo:

```
// Función anónima que eleva al cuadrado un número
const resultado = function(numero) {
    return numero ** 2;
};
// Usamos la función anónima
const resultadoFinal = resultado(5);

console.log(resultadoFinal);  // salida será de 25
```

Si quieres, puedes intentar cambiando los valores de estos ejemplos con los que sean de tu interés, de forma verás como tu mismo puedes luego, ir creando tus propios ejercicios para practicar lo aprendido.

Procedimientos

Los procedimientos en JavaScript son similares a las funciones, pero no devuelven ningún valor.

Estos, por tanto, nos permiten encapsular una serie de instrucciones en un bloque de código que podemos llamar desde cualquier parte de nuestro programa.

A continuación, se muestra un ejemplo de cómo podemos definir un procedimiento en JavaScript.

```javascript
function saludar(nombre){
    console.log('Hola' + nombre + '!')
}
```

En este ejemplo, hemos definido un procedimiento llamado *saludar* que toma un parámetro *nombre* y lo utiliza para imprimir un saludo en la consola.

Podemos llamar a este procedimiento desde cualquier parte de nuestro programa de la siguiente manera.

```javascript
saludar('Dante') // la salida será Hola Dante!
```

En este ejemplo, hemos llamado al procedimiento *saludar* con el parámetro *Dante* y al ejecutar este algoritmo, nos muestra el saludo en la consola.

Podemos entender entonces, que los procedimiento son como un conjunto de instrucciones que le decimos a la computadora que haga.

Imagina que eres un chef y tienes una receta para hacer una deliciosa pizza. La receta es como el procedimiento, ya que te dice los pasos que debes seguir para hacer la pizza.

Pero, a diferencia de una función, un procedimiento no devuelve nada. Es como si fuera una acción que hace algo sin esperar nada a cambio.

CAPÍTULO 7

ARREGLOS Y MATRICES

"los arreglos puedes contener diferentes elementos, independiente de los tipos de datos que quieras ingresar."

En JavaScript, los arreglos y las matrices son estructuras de datos que permiten almacenar y manipular conjuntos de valores relacionados.

Aunque estos dos conceptos suelen utilizarse indistintamente, existen algunas diferencias importantes entre ellos.

¿Qué entendemos por Arreglos?

Un arreglo es una colección de valores del mismo tipo, que se almacenan en una sola variable.

Cada elemento del arreglo se identifica por un índice numérico, que indica su posición dentro del conjunto.

Los arreglos se definen utilizando corchetes [ ] y pueden contener cualquier tipo de dato, incluyendo otros arreglos.

Podemos definir un arreglo llamado *nombres* que contenga los nombres de varias personas.

Ejemplo:

let nombres = ['Francisco', 'Pedro', 'Camila', 'Jasna']

Para acceder a un elemento específico del arreglo, utilizamos su índice numérico entre corchetes

Ejemplo:

console.log(nombres[0]) // imprimirá "Francisco"
console.log(nombres[2]) // imprimirá "Camila"

También podemos modificar el valor de un elemento existente o agregar nuevos elementos al final del arreglo utilizando la propiedad *length*.

Ejemplo:

nombres[1] = 'Marcelo' //modifica el valor posicional 1

nombres[nombres.length] = "Carlos" // agrega al arreglo

Un arreglo entonces, es un tipo de caja mágica que puede guardar muchas cosas juntas, como podemos ver en la imagen inferior, tenemos una caja en donde podemos guardar n elementos según queramos.

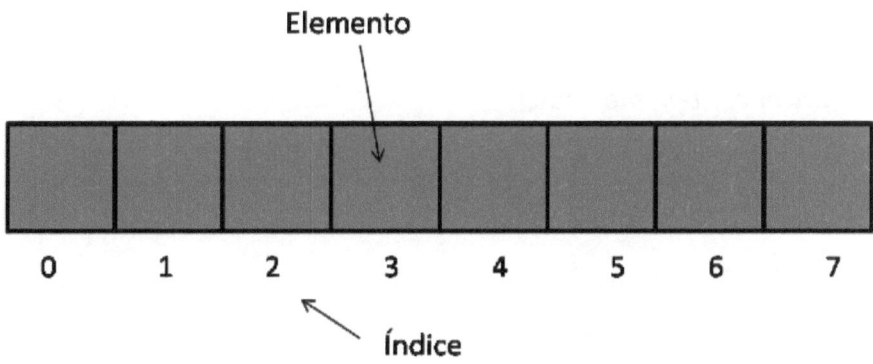

Por tanto, puedes imaginar que tienes una caja que se llama *nombres* y puedes guardar los nombres de tus amigos, *Francisco, Pedro, Camila y Jasna,* en ella.

Cada uno de ellos tiene un número que los identifica, como si fueran un equipo de fútbol.

Si quieres ver el nombre de Pedro, solo necesitas decir *nombres número 1* y la caja mágica te mostrará el nombre de Pedro.

La única diferencia, es que la numeración de estas cajas, comienzan en 0 en vez de 1, por tanto, siempre debes comenzar a contar desde ese valor en adelante, entonces, tendrás la siguiente lógica.

Ejemplo:

let nombres = ['Francisco', 'Pedro', 'Camila', 'Jasna']

Entonces tenemos que,

Índice 0 = "Francisco"

Índice 1 = "Pedro"

Índice 2 = "Camila"

Índice 3 = "Jasna2

De esta forma, puedes ubicar los elementos de forma clara y rápida, los arreglos puedes contener diferentes elementos, independiente de los tipos de datos que quieras ingresar.

¿Qué entendemos por Matrices?

Una matriz es una colección de arreglos, es decir, una tabla de valores en la que cada elemento se identifica por dos índices numéricos: uno para la fila y otro para la columna.

En JavaScript, las matrices se definen como arreglos de arreglos, utilizando corchetes anidados [ ][ ].

Por ejemplo, podemos definir una matriz llamada *tabla* que contenga los precios de varios productos en diferentes tiendas.

Ejemplo:

```
let tabla = [
[10, 15, 12],
[8, 9, 11],
[14, 13, 16]
]
```

Para acceder a un elemento específico de la matriz, utilizamos sus dos índices numéricos entre corchetes:

Ejemplo:

Para imprimir el precio del producto 1 en la tienda 2
console.log(tabla[0][1])

Para imprimir el precio del producto 3 en la tienda 1
console.log(tabla[2][0])

También podemos modificar el valor de un elemento existente o agregar nuevas filas o columnas utilizando los índices y la propiedad length:

Ejemplo:

Para modificar el precio del producto 2 en la tienda 3
tabla[1][2] = 10

Para agregar un nuevo precio al producto de la tienda 4
tabla[0][tabla[0].length] = 18;

Para agregar una nueva fila con precios de otro producto
tabla[tabla.length] = [9,13,19]

En otras palabras, podemos definir que, los arreglos y las matrices son estructuras de datos muy útiles en JavaScript para almacenar y manipular conjuntos de valores relacionados.

Cada uno tiene sus propias características y formas de uso, por lo que es importante comprender bien sus diferencias y aplicaciones.

Las matrices son como una tabla con muchos cuadritos, y cada cuadrito tiene un número que lo identifica y dentro de cada cuadrito podemos poner un número o una palabra.

Así podemos guardar mucha información y encontrarla fácilmente.

Si queremos encontrar el cuadrito que tiene el número 3, solo tenemos que buscar en la tercera fila o la tercera columna.

Tipos de matrices en JavaScript

En JavaScript, existen diferentes tipos de matrices que se pueden utilizar para almacenar datos. Algunos de los tipos más comunes son los siguientes.

Matrices unidimensionales

Las matrices unidimensionales son las más simples y se utilizan para almacenar una lista de valores. Cada valor se almacena en un índice numérico y se puede acceder a él utilizando ese índice.

Ejemplo:

```
let numeros = [2, 4, 6, 8]
```

Matrices multidimensionales

Las matrices multidimensionales se utilizan para almacenar listas de valores en varias dimensiones. Por ejemplo, una matriz bidimensional se puede utilizar para almacenar una tabla. Cada valor se almacena en una fila y columna específicas.

Ejemplo:

```
let tabla =[
[1, 2, 3],
[4, 5, 6],
[7, 8, 9]
]
```

Matrices de objetos

Las matrices de objetos se utilizan para almacenar objetos en una lista. Cada objeto se almacena en un índice numérico y se puede acceder a él utilizando ese índice.

Ejemplo:

```
let personas =[
    {nombre: "Juan", edad: 20},
    {nombre: "María", edad: 25},
    {nombre: "Pedro", edad: 30}
]
```

Matrices de cadenas

Las matrices de cadenas se utilizan para almacenar una lista de cadenas. Cada cadena se almacena en un índice numérico y se puede acceder a ella utilizando ese índice.

Ejemplo:

let nombres = ['Juan', 'María', 'Pedro']

Beneficios de usar matrices

Organización de datos, es decir, que las matrices permiten organizar los datos en una estructura lógica y fácil de entender. Por ejemplo, una matriz bidimensional puede utilizarse para representar una tabla, donde cada fila y columna representa un conjunto de datos relacionados.

Acceso rápido a los datos, como cada elemento de la matriz se identifica por un índice numérico, es fácil acceder rápidamente a cualquier elemento de la matriz utilizando ese índice. Esto hace que las matrices sean ideales para almacenar grandes cantidades de datos que necesitan ser accesibles rápidamente.

Manipulación de datos, las matrices en JavaScript ofrecen una gran cantidad de métodos integrados para manipular y transformar los datos almacenados en ellas, por ejemplo, se pueden utilizar métodos como *map(), filter() y reduce()* para transformar los datos de la matriz y generar nuevos conjuntos de datos.

Facilidad de uso, las matrices son una estructura de datos común y bien comprendida en la programación, por lo que es fácil trabajar con ellas en JavaScript. Además, la sintaxis para trabajar con matrices en JavaScript es simple y fácil de entender.

CAPÍTULO 8

PROGRAMACIÓN ORIENTADA A OBJETOS (POO)

"Un objeto tiene propiedades que lo caracterizan, métodos o funciones que puede ejecutar, y que estas tendrán valor cuando se invocan"

La programación orientada a objetos (POO) es un paradigma de programación donde los objetos son el centro de atención.

Los objetos son una colección de propiedades, y cada propiedad es una asociación entre un nombre (también llamado clave) y un valor.

Estos objetos también tiene clases, que son plantillas para crear objetos. Una clase define una serie de propiedades y métodos que un objeto creado a partir de ella tendrá.

La programación orientada a objetos es como jugar con juguetes, pero en lugar de tener muchos juguetes diferentes, solo tienes uno que puede ser cualquier cosa que quieras.

Puede ser un coche, un animal, una casa o cualquier cosa que se te ocurra, y puedes hacer que haga cosas diferentes.

Puedes decirle que se mueva, que hable, que haga sonidos. Es una forma de programar que hace que sea más fácil crear cosas o elementos.

Creación de objetos

Para crear un objeto en JavaScript, podemos usar la sintaxis de objeto literal, para ello puedes desarrollar el siguiente código.

Ejemplo:

```javascript
const persona = {
    nombre: 'Juan',
    apellido: 'Pérez',
    edad: 30,
    saludar() {
        console.log(`Hola, soy ${this.nombre} ${this.apellido}`);
    }
};

persona.saludar();
```

En este ejemplo, *persona* es un objeto con cuatro propiedades: *nombre, apellido, edad y saludar.*

La propiedad *saludar* es una función que utiliza la palabra clave *this* para acceder a las propiedades del objeto.

También podemos crear objetos usando una función constructora.

Ejemplo:

```
function Persona(nombre, apellido, edad) {
    this.nombre = nombre;
    this.apellido = apellido;
    this.edad = edad;
    this.saludar = function() {
        console.log('Hola, soy ' + this.nombre + ' ' +
        this.apellido);
        }
    }

let persona1 = new Persona('Juan', 'Pérez', 32);
let persona2 = new Persona('Iván', 'Pérez', 26);
let persona3 = new Persona('Juan', 'Pérez', 32);

persona1.saludar();
persona2.saludar();
persona3.saludar();
```

En este ejemplo, *Persona* es una función constructora que define las propiedades y métodos que tendrán las instancias creadas a partir de ella.

Al usar el operador *new*, se crea un nuevo objeto y se llama a la función constructora, asignando las propiedades correspondientes.

Vale decir, que un objeto tiene propiedades que lo caracterizan, métodos o funciones que puede ejecutar, y que estas tendrán valor cuando se invocan a partir de la creación que cada nuevo objeto.

¿Qué son las Clases?

Las clases son plantillas que te ayudarán a crear muchos objetos que se parecen entre sí. Es como si tuvieras un molde para hacer muchos juguetes iguales, pero cada juguete puede tener cosas diferentes.

Estas características pueden ser su color o su tamaño y las clases te permitirán optimizar tu código y a tener objetos que se comportan de la misma manera.

Es como tener muchos coches que pueden acelerar y frenar de la misma forma, pero cada coche puede tener su propio color o su propia marca.

En ES6, se introdujo la sintaxis de clase para crear objetos. La sintaxis es similar a la de otros lenguajes de programación orientados a objetos.

Ejemplo:

```
class Persona {
    constructor(nombre, apellido, edad) {
        this.nombre = nombre;
        this.apellido = apellido;
        this.edad = edad;
    }

    saludar() {
        console.log(`Hola, soy ${this.nombre}
        ${this.apellido} y tengo ${this.edad} años.`);
    }
}
```

```
let persona1 = new Persona('Juan', 'Pérez', 32);
let persona2 = new Persona('Iván', 'Pérez', 26);
persona1.saludar();
persona2.saludar();
```

En este ejemplo, que en páginas anteriores habíamos ya visto, tenemos en este caso que, *Persona* es una clase que define las propiedades y métodos que tendrán las instancias creadas a partir de ella.

La palabra clave *constructor* se utiliza para definir las propiedades del objeto.

Los métodos se definen fuera del constructor, como funciones normales.

Propiedades de la POO

La programación orientada a objetos se basa en objetos y clases como ya pudimos ver en las páginas que anteceden a esta.

A continuación, se presentan algunas propiedades importantes de POO en JavaScript, junto con ejemplos claros de su uso, en este capítulo veremos *Encapsulamiento, Herencia, Polimorfismo y Abstracción.*

Encapsulamiento

Cuando hablamos del concepto de encapsulamiento hablamos de tener una cajita con juguetes adentro.

La cajita tiene un candado y solo tú tienes la llave para abrirlo y estos juguetes adentro son secretos y nadie más puede verlos o cambiarlos.

De la misma manera, en programación, podemos poner secretos adentro de una cajita llamada objeto, y nadie más puede verlos o cambiarlos sin la clave correcta.

Este ejemplo es una forma de proteger nuestros datos y hacer que nuestro código sea más seguro y confiable.

Entonces, podemos decir que se conoce como la capacidad de ocultar datos y métodos dentro de un objeto, para evitar que se accedan o modifiquen desde fuera del objeto.

Esto se logra mediante el uso de variables privadas y métodos privados.

Ejemplo:

```
class CuentaBancaria {
  constructor(saldoInicial) {
    this.saldo = saldoInicial

    this.depositar = function(monto) {
      this.saldo += monto
    };

    this.retirar = function(monto) {
      if (this.saldo >= monto) {
        this.saldo -= monto
      } else {
        console.log("No hay saldo suficiente.")
      }
    }
```

```
    this.getSaldo = function() {
      return this.saldo
    }
  }
}

let miCuenta = new CuentaBancaria(1000)

miCuenta.depositar(500)
miCuenta.retirar(200)

console.log(miCuenta.getSaldo()) // Salida: 1300
```

Aquí, el saldo de la cuenta bancaria es una variable privada que solo puede ser *accedida* mediante los métodos *depositar, retirar y getSaldo*. De esta forma, se evita que el saldo sea modificado directamente desde fuera del objeto.

Herencia

Herencia en JavaScript es como cuando tienes un juguete de coche y luego haces otro juguete de coche que se parece al primer juguete, pero tal vez tiene un color o ruedas diferentes.

El nuevo coche es como el bebé del coche viejo, y obtiene algunas de las mismas cosas del coche viejo, como tal vez la forma en que se mueve o hace ruido.

Es como tener una familia de juguetes de coche, donde los padres dan algunas de sus cosas a sus hijos.

En programación, puedes hacer cosas nuevas que son como cosas viejas, y pueden hacer algunas de las mismas cosas que las cosas viejas, pero tal vez tienen algunas diferencias también.

Si piensas en algo más cotidiano, y miras una familia con muchos hijos, podrás ver que los hijos tienes rasgos o en cierto modo son parecidos a los padres y estos heredan no solo rasgos sino que pueden también realizar algunas acciones que los padres heredaron.

Volviendo al ejemplo de los juguetes, es como tener una familia de objetos, donde los padres comparten algunas de sus propiedades y métodos con sus hijos.

Es decir, es la capacidad de crear nuevas clases basadas en clases existentes, que heredan las propiedades y métodos de la clase padre.

En JavaScript, la herencia se logra mediante el uso de prototipos.

Ejemplo:

```javascript
class Animal {
  constructor(nombre) {
    this.nombre = nombre;
  }

  hablar() {
    console.log("El animal hace un sonido");
  }
}

class Perro extends Animal {
  hablar() {
    console.log("Guau");
  }
```

```
}
```

```
let miPerro = new Perro("Obiwan");
```

```
miPerro.hablar(); // Mostrará por la consola: Guau
```

Aquí, la clase "Perro" hereda la propiedad "nombre" y el método "hablar" de la clase "Animal". Además, redefine el método "hablar" para que imprima "Guau" en lugar del mensaje genérico.

Polimorfismo

Se entiende como la capacidad de los objetos de una misma clase para responder de forma diferente a un mismo método.

Esto se logra mediante la redefinición de métodos en las subclases.

Ejemplo:

```
class Figura {
    calcularArea() {
        console.log("No se puede calcular el área de una
figura genérica");
    }
}
```

```
class Rectangulo extends Figura {
    constructor(base, altura) {
```

```javascript
      super();
      this.base = base;
      this.altura = altura;
   }

   calcularArea() {
      return this.base * this.altura;
   }
}

class Circulo extends Figura {
   constructor(radio) {
      super();
      this.radio = radio;
   }

   calcularArea() {
      return Math.PI * this.radio ** 2;
   }
}

let miRectangulo = new Rectangulo(5, 3);
let miCirculo = new Circulo(2);

// La salida por consola será 15
console.log(miRectangulo.calcularArea());

// La salida por consola será 12.566370614
console.log(miCirculo.calcularArea());
```

Aquí, la clase *Figura* define un método *calcularArea* genérico que no tiene implementación. Las subclases *Rectángulo* y *Circulo* redefinen este método para calcular el área de un rectángulo y un círculo, respectivamente.

El polimorfismo es como tener muchos juguetes que parecen iguales, pero que hacen cosas diferentes.

Por ejemplo, puedes tener muchos coches que se parecen, pero que tienen diferentes colores o tamaños. Cada coche puede hacer cosas diferentes, como moverse o hacer ruido, pero todos son coches al fin y al cabo.

Otro ejemplo es que puedes tener una clase de animales, y cada animal puede hacer diferentes sonidos o moverse de diferentes maneras, pero todos son animales.

Abstracción

Es, en definitiva, la capacidad de representar un objeto real en términos de sus propiedades y métodos esenciales, sin preocuparse por los detalles irrelevantes.

Esto se logra mediante la definición de una interfaz pública que oculta la implementación interna.

Ejemplo:

```
class Vehiculo {
    constructor(marca, modelo, anio) {
        this.marca = marca;
        this.modelo = modelo;
        this.anio = anio;
    }

    Conducir() {
```

```
      console.log("El vehículo está en movimiento");
   }

   Frenar() {
      console.log("El vehículo ha frenado");
   }
}

let miAuto = new Vehiculo("ford", "Mustang", 2020);

miAuto.Conducir(); // El vehículo está en movimiento
miAuto.Frenar();   // El vehículo ha frenado
```

Aquí, la clase *Vehiculo* define las propiedades y métodos esenciales de un vehículo, como la marca, el modelo y el año, la capacidad de conducir y frenar.

No se preocupan por detalles irrelevantes como la forma en que se mueven las ruedas o cómo funciona el motor.

Con estas propiedades, es posible crear objetos y clases que sean modulares, reutilizables y fáciles de mantener.

La programación orientada a objetos es un paradigma poderoso y flexible que permite crear código modular y reutilizable.

En JavaScript, los objetos son una parte fundamental del lenguaje, y su uso es esencial para escribir código limpio y eficiente. Con las herramientas y técnicas presentadas en este capítulo, puedes empezar a construir tus propios objetos y clases en JavaScript.

CAPÍTULO 9

MANEJO DE EXCEPCIONES Y ERRORES

"El manejo de excepciones se realiza utilizando bloques try-catch."

El manejo de excepciones y errores es una parte fundamental de la programación. Cuando se desarrolla una aplicación, es común que ocurran errores y excepciones en el código.

El manejo de estas situaciones es esencial para que la aplicación funcione de manera óptima y el usuario tenga una buena experiencia.

¿Qué son las excepciones y errores?

En JavaScript, las excepciones y errores son situaciones inesperadas que ocurren durante la ejecución de un programa.

Estos errores pueden ser causados por diferentes factores, como variables que no están definidas, valores incorrectos, problemas de conexión, entre otros.

Manejo de excepciones

El manejo de excepciones se realiza utilizando bloques try-catch. El bloque try se utiliza para envolver el código que puede generar una excepción.

Si ocurre una excepción, el bloque catch captura la excepción y maneja el error.

Ejemplo:

```
try{
    // código que puede generar una excepción
} catch (error){
    // manejo del error
}
```

En el ejemplo anterior, el bloque try contiene el código que puede generar una excepción. Si ocurre una excepción, el bloque catch captura la excepción y se ejecuta el código que se encuentra dentro del bloque catch.

Por ejemplo, si se intenta acceder a una variable que no está definida, se generará una excepción. A continuación, se muestra cómo se puede manejar esta excepción utilizando un bloque try-catch.

Ejemplo:

```
try{
    // intentar acceder a una variable que no está definida
} catch (variableNoDefinida){
    // manejo del error
    console.log("La variable no está definida")
}
```

En el ejemplo anterior, al intentar acceder a la variableNoDefinida, se genera una excepción.

El bloque catch captura la excepción y se ejecuta el código que se encuentra dentro del bloque catch.

Manejo de errores

El manejo de errores en JavaScript se realiza utilizando el objeto Error. Este objeto se utiliza para crear y lanzar errores personalizados en el código.

Ejemplo:

```
try{
    throw new Error('Este es un error personalizado')
} catch (error){
    console.log(error.message)
}
```

En el ejemplo anterior, se utiliza el objeto Error para lanzar un error personalizado. El mensaje de error se define dentro del constructor del objeto *Error*.

Si ocurre un error, el bloque catch captura el error y se muestra el mensaje de error utilizando la propiedad *message* del objeto Error.

El manejo de excepciones y errores en JavaScript es esencial para el correcto funcionamiento de una aplicación.

Los bloques try-catch se utilizan para manejar las excepciones, mientras que el objeto Error se utiliza para lanzar errores personalizados. Con un buen manejo de excepciones y errores, se puede garantizar que la aplicación funcione de manera óptima y el usuario tenga una buena experiencia.

CAPÍTULO 10

ENTRADA Y SALIDA DE DATOS

"Lorem ipsum dolor sit amet, consectetur adipscing elit; nam nec metus ut tellus suscipit."

La forma más común de imprimir datos en JavaScript es a través de la función *console.log()* esta función toma uno o más argumentos y los imprime en la consola del navegador o en la consola de la terminal si se está ejecutando JavaScript en el servidor.

Para imprimir el mensaje "Hola, ¡mundo!" en la consola, se puede escribir el siguiente código.

Ejemplo:

```
console.log("Hola Mundo")
```

También es posible imprimir valores de variables utilizando la función *console.log()*.

Ejemplo:

```
let x = 5
console.log("el valor de x es " + x)
```

Tipos de salida de datos en JavaScript

Existen varias formas de imprimir datos en JavaScript. Las más comunes son:

console.log()

Esta función toma uno o más argumentos y los imprime en la consola del navegador o en la consola de la terminal si se está ejecutando JavaScript en el servidor.

alert()

Esta función muestra un cuadro de diálogo de alerta en el navegador con el mensaje que se le pasa como argumento.

document.write()

Esta función escribe texto o HTML en el documento actual.

innerHTML

Esta propiedad se puede utilizar para cambiar el contenido HTML de un elemento en el documento.

Es importante tener en cuenta que la función *console.log()* es la forma más común de imprimir datos en JavaScript y se utiliza principalmente para fines de depuración.

Las otras formas de salida de datos son más adecuadas para mostrar información al usuario o para crear una interfaz de usuario más interactiva.

Entrada de datos

La entrada de datos en JavaScript puede ser un poco más complicada que la salida de datos, especialmente si se está trabajando en un navegador web.

Una forma común de obtener entrada del usuario en un navegador es a través de un cuadro de diálogo de entrada, esto se puede hacer utilizando la función *prompt()*.

Ejemplo:

```
let nombre = prompt("¿Cuál es tu nombre?")
console.log("Hola, " + nombre + "!")
```

Otra forma de obtener entrada del usuario en un navegador es a través de un formulario HTML. Estos formularios permiten al usuario ingresar datos y enviarlos al servidor.

La entrada de datos del formulario se puede procesar en el servidor utilizando un lenguaje de programación como PHP o Node.js.

CAPÍTULO 11

HERRAMIENTAS Y RECURSOS PARA PROGRAMADORES

"Debido a su popularidad, existen numerosas herramientas y recursos disponibles para programadores de JavaScript."

JavaScript es un lenguaje de programación muy popular y utilizado en todo el mundo. A continuación, se presentan algunas ideas y ejemplos de herramientas y recursos que pueden ser útiles para programadores en JavaScript.

Editores de código

Un buen editor de código es esencial para cualquier programador. En lo personal, si usas un sistema operativo indistinto, una de las herramientas más usadas en la actualidad que te puedo recomendar es VSCode o bien, en su defecto, Sublime Text.

Visual Studio Code: un editor de código gratuito y de código abierto desarrollado por Microsoft que ofrece una amplia variedad de características y extensiones para programadores de JavaScript.

Sublime Text: Es un editor de código premium para Mac, Windows y Linux que es conocido por su velocidad y facilidad de uso, tiene una versión gratuita y siempre te saltará un cuadro de texto para que ingreses un código de la compra de la versión pagada.

Frameworks y bibliotecas

JavaScript cuenta con una gran cantidad de frameworks y bibliotecas que pueden ayudar a los programadores a desarrollar aplicaciones web más rápidamente y con menos errores. Algunos de los frameworks y bibliotecas más populares para JavaScript son:

React: Es un framework de JavaScript de código abierto que es utilizado para desarrollar interfaces de usuario.

Angular: Es un framework de JavaScript de código abierto que es utilizado para desarrollar aplicaciones web de una sola página.

Vue: Es un framework de JavaScript de código abierto que es utilizado para desarrollar interfaces de usuario.

jQuery: Es una biblioteca de JavaScript de código abierto que es utilizada para simplificar el desarrollo de aplicaciones web.

Recursos de aprendizaje

JavaScript es un lenguaje de programación en constante evolución y siempre hay algo nuevo que aprender. Algunos recursos de aprendizaje populares para programadores de JavaScript son:

MDN Web Docs: Es una documentación completa y detallada de JavaScript, HTML y CSS.

W3Schools: Es una plataforma de aprendizaje interactiva que ofrece cursos y tutoriales sobre JavaScript y otros lenguajes de programación web.

FreeCodeCamp: Es una plataforma de aprendizaje en línea que ofrece cursos y proyectos prácticos para programadores de JavaScript.

UDEMY: una última recomendación, pero esta vez de pago, es aprovechar la gran cantidad de cursos y recursos que existen en la web, en este caso, un repositorio en donde puedes comprar cursos que te dejarán un aprendizaje de cero a junior e incluso si quieres luego seguir subiendo tu experiencia, sin duda que los encontrarás acá.

CAPÍTULO 12

DESAFÍOS PARA LA INDUSTRIA

"Lorem ipsum dolor sit amet, consectetur adipscing elit; nam nec metus ut tellus suscipit."

Uno de los primeros desafíos que enfrentamos como desarrolladores en la industria en general es establecernos como profesionales en empresas, ya sean grandes o pequeñas. Esto se debe a la vasta cantidad de conocimientos que se espera que tengamos para calificar para un empleo en la actualidad.

Este desafío no solo implica lo que podemos aprender, sino también dónde podemos hacerlo. En la actualidad, es posible convertirse en un desarrollador sin necesidad de asistir a la universidad; de hecho, estudiar una carrera técnica o recurrir a fuentes no oficiales de conocimiento se ha vuelto cada vez más común. La disponibilidad de diversas fuentes de aprendizaje brinda la posibilidad de adquirir conocimientos básicos y continuar el aprendizaje de manera autodidacta.

Otro desafío significativo, especialmente en industrias de América Latina, es la búsqueda de sueldos competitivos. Los salarios a menudo no se equiparan con los de países desarrollados, y algunos desarrolladores no logran percibir el valor real de sus servicios. Esto puede contribuir a la devaluación percibida de la profesión en ciertos aspectos.

A estos desafíos se suma la falta de desarrollo de la capacidad de visión de negocio por parte de muchos profesionales del área, una habilidad esencial para alcanzar los objetivos empresariales.

Por otro lado, observamos una creciente inversión en tecnología por parte de las empresas, impulsada por la constante innovación de grandes industrias que ofrecen productos a nivel mundial. Este panorama se presenta como prometedor, especialmente después de la pandemia.

El avance de la Inteligencia Artificial genera incertidumbre en las mentes de los desarrolladores junior y aquellos en formación. Existe una alta expectativa en comparación con el constante progreso de nuevos productos en IA proporcionados por empresas como OpenAI, Google o Microsoft, lo que representa un desafío para quienes están en las primeras etapas de su carrera.

Para los principiantes, estas tecnologías pueden ser beneficiosas, pero es crucial aprender a trabajar con ellas. Sin el desarrollo de la lógica de programación y la comprensión de conceptos básicos, no podrán aprovechar completamente estas poderosas interfaces.

Otro desafío radica en la diversidad de nuevos segmentos de mercado que surgen a diario, donde la automatización de procesos es fundamental. La industria blockchain, por ejemplo, ha transformado la industria financiera y nuestra percepción del dinero.

La medicina ha evolucionado hacia conceptos telemáticos, las empresas cuentan ahora con empleados remotos, y todos estos cambios implican que detrás de estos avances hay programadores.

En este punto, quiero que reconozcas el potente futuro que te espera si decides ser programador. El potencial de la industria venidera, cuyo rumbo aún desconocemos, requerirá mentes capaces de visualizar las soluciones del mañana.

Para terminar, no le temas a los avances de la tecnología, todos estos avances son herramientas que nos darán una guía y nos podrán proyectar hacia el empleo de nuestros sueños. Sabrás que el camino no es fácil, pero tampoco es tan complicado si decides dar el primer paso.

GLOSARIO

Algoritmo: Un conjunto de pasos o reglas definidas para realizar una tarea o resolver un problema en particular.

Variable: Un espacio de almacenamiento con un nombre simbólico (un identificador) y un tipo de datos, que contiene algún valor o información.

Tipo de Datos: La categoría que define el conjunto de valores que una variable puede contener, como enteros, cadenas de texto, booleanos, etc.

Condición (if-else): Una estructura de control de flujo que permite ejecutar diferentes bloques de código basados en una evaluación booleana (verdadero o falso).

Bucle (Loop): Una estructura que permite repetir un conjunto de instrucciones varias veces, como los bucles for y while.

Función: Un bloque de código reutilizable que realiza una tarea específica y puede devolver un valor.

Clase y Objeto: En programación orientada a objetos, una clase es un modelo o plantilla para crear objetos, y un objeto es una instancia de esa clase.

Método: Una función que está asociada a un objeto y se llama en el contexto de ese objeto.

Arreglo (Array): Una estructura de datos que permite almacenar varios valores bajo un mismo nombre y acceder a ellos mediante un índice.

Clase: Un modelo o plano para crear objetos que define atributos y comportamientos comunes a todos los objetos de ese tipo.

Objeto: Una instancia concreta de una clase que tiene atributos específicos y puede realizar acciones según los métodos definidos en la clase.

Encapsulamiento: Un principio de la POO que oculta los detalles internos de una clase y solo expone lo necesario a través de interfaces públicas.

Herencia: Un mecanismo que permite que una clase herede atributos y métodos de otra clase, facilitando la reutilización de código y la creación de jerarquías de clases.

Polimorfismo: La capacidad de objetos de diferentes clases de responder a la misma acción de manera diferente. Puede ser implementado mediante la sobrecarga de métodos o interfaces.

Método constructor: Un método especial en una clase que se llama automáticamente al crear una nueva instancia de la clase. Se utiliza para inicializar atributos y realizar otras acciones de configuración.

ACERCA DEL AUTOR

Juan Francisco Díaz Caro es un Informático nacido en la ciudad de Coronel, Chile. Actualmente, se encuentra inmerso en el mundo de la informática y el desarrollo de software, destacándose por su formación académica y su valiosa experiencia laboral.

Estudiante de Ingeniería en Informática con mención en Analítica Avanzada en el Instituto Profesional Providencia, Juan ha consolidado su conocimiento técnico al obtener el título de Técnico en Computación e Informática. Con una sólida base académica, ha acumulado 4 años de experiencia en el campo del desarrollo de software.

Ha desempeñado roles clave a lo largo de su carrera, demostrando sus habilidades tanto en el ámbito educativo como en el sector privado.

Desde marzo de 2020, trabaja como Docente en el Centro de Formación Técnica Lota Arauco, donde imparte una amplia variedad de módulos semestralmente. Estos abarcan desde temas de emprendimiento e innovación hasta tecnologías de información y comunicación, reflejando su versatilidad y conocimiento profundo en diversas áreas.

Además de su compromiso en el ámbito educativo, Juan ha sido el CEO de ZISKO.DEV desde agosto de 2021 hasta diciembre de 2023. En esta posición, ha liderado una empresa de desarrollo web y consultoría en TI, gestionando una cartera de clientes que incluye alrededor de 25 empresas, entre las cuales se destacan universidades, centros de formación técnica, constructoras y proveedores de personal.

Su trayectoria también incluye roles en reconocidas empresas de alimentos, construcción, obras civiles, administradora del seguro social de accidentes en Chile donde se desempeñó como Especialista en Prevención durante más de nueve años. Con una destacada labor en el terreno de la construcción.

Juan Francisco Díaz Caro se destaca por su capacidad para abordar desafíos diversos, su compromiso con la educación y su experiencia en el desarrollo de software, colocándolo como un profesional integral en constante crecimiento.

Este libro corresponde a la primera entrega de la trilogía de herramientas para futuros desarrolladores, en donde sumerge al lector en el lenguaje moderno más consultado en internet, que es JavaScript.